Anubi, Il Dio Cane

Robert Maxwell

Copyright © 2022 ROBERTMAXWELL.

Tutti i diritti riservati

Pubblicato da Robert Maxwell

ISBN 978-1-6781-1388-9

Introduzione

"Anubi" è il nome greco del dio della morte, la mummificazione, imbalsamazione, l'aldilà, i cimiteri, le tombe e gli inferi, nell'antica religione egizia, di solito raffiguratio come un cane o un uomo con una testa canina. Gli archeologi hanno identificato l'animale sacro di Anubi come un canide egizio, il lupo dorato africano. Il lupo africano era precedentemente chiamato " sciacallo dorato africano ", fino a quando un'analisi genetica del 2015 ha aggiornato la tassonomia e il nome comune della specie. Di conseguenza, si fa spesso riferimento ad Anubi come avente una testa di "sciacallo", ma questo "Dio sciacallo" è ora più propriamente chiamato "Dio cane".

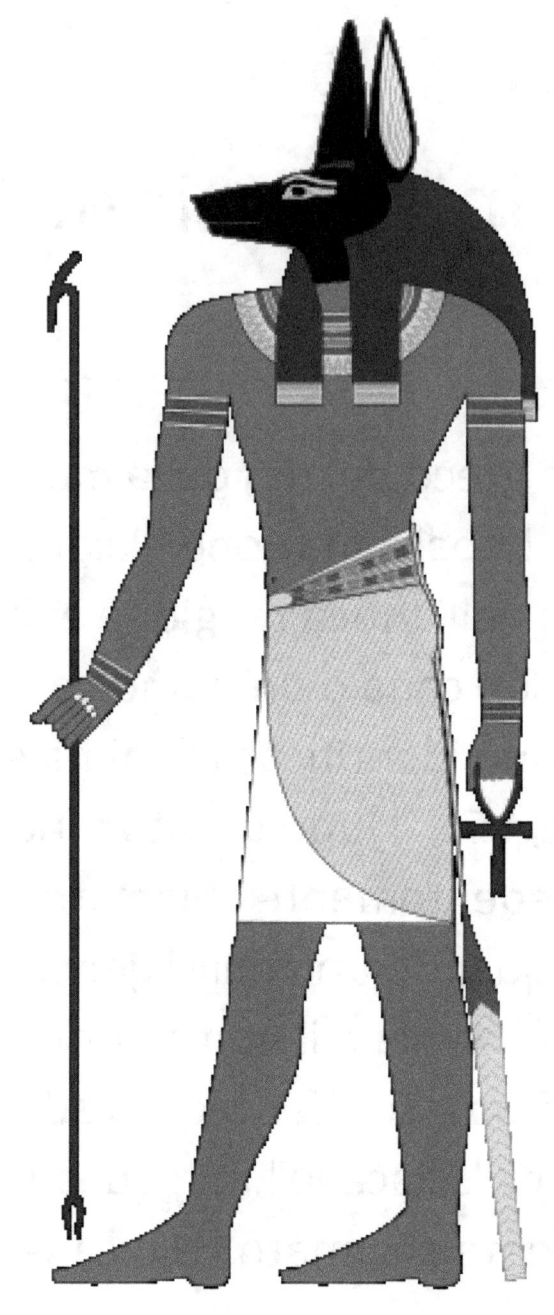

Chi era Anubi?

Anubis o INPU, Anpu a Antico Egitto (/ ə NJ u b ɪ s /; greco antico: Ἄνουβις, egiziana : INPW , copta : ⍰⍰⍰⍰⍰ Anoup) è la greca nome del dio della morte, la mummificazione, imbalsamazione, l'aldilà, i cimiteri, le tombe e gli inferi , nell'antica religione egizia , di solito raffigurati come un cane o un uomo con una testa canina. Gli archeologi hanno identificato l'animale sacro di Anubi come un canide egizio, il lupo dorato africano. Il lupo africano era precedentemente chiamato " sciacallo dorato africano ", fino a quando un'analisi genetica del 2015 ha aggiornato la tassonomia e il nome comune della specie. Di conseguenza, si fa spesso riferimento ad Anubi come avente una testa di "sciacallo", ma questo "sciacallo" è ora più propriamente chiamato "lupo".

Come molte antiche divinità egizie, Anubi ha assunto ruoli diversi in vari contesti. Raffigurato come protettore di tombe già nella prima dinastia (3100 circa - 2890 aC circa), Anubi era anche un imbalsamatore. Nel Medio Regno (2055 - 1650 aC circa) fu sostituito da Osiride nel suo ruolo di signore degli inferi. Uno dei suoi ruoli di primo piano era quello di un dio che ha introdotto le anime nell'aldilà. Ha assistito alla bilancia durante la "Pesata del cuore", in cui è stato determinato se un'anima sarebbe stata autorizzata a entrare nel regno dei morti. Nonostante fosse una delle divinità più antiche e "una delle più rappresentate e citate" del pantheon egizio, Anubi non ha avuto quasi alcun ruolo nei miti egizi.

Anubi era raffigurato in nero, un colore che simboleggiava la rigenerazione, la vita, il suolo del fiume Nilo e lo scolorimento del cadavere dopo l'imbalsamazione. Anubis è associato a suo fratello Wepwawet, un altro dio egizio raffigurato con la testa di un cane o in forma canina, ma con pelliccia grigia o bianca. Gli storici presumono che le due figure siano state alla fine combinate. La controparte femminile di Anubi è Anput. Sua figlia è la dea serpente Kebechet.

"Anubis" è una traduzione greca del nome egizio di questo dio. Prima che i Greci arrivassero in Egitto, intorno al VII secolo aC, il dio era conosciuto come Anpu o Inpu. La radice del nome nell'antica lingua egizia significa "un figlio reale". Inpu ha una radice in "inp", che significa "decadere". Il dio era anche conosciuto come "Primo degli occidentali", "Signore della terra sacra", "Colui che è sulla sua montagna sacra", "Sovrano dei nove archi", "Il cane che ingoia milioni", "Maestro di Segreti "," Colui che è nel luogo dell'imbalsamazione "e" Primo della capanna divina ". Le posizioni che aveva si riflettevano anche nei titoli che ricopriva come "Colui che è sulla sua montagna", "Signore della terra sacra", "Il primo degli occidentali" e "Colui che è nel luogo dell'imbalsamazione"." Nel Antico Regno (.. C 2686 aC - c 2181 aC), il modo standard di scrivere il suo nome in geroglifici era composto dei segni sonori INPW seguito da uno sciacallo nel corso di un HTP segno:

Una nuova forma con lo sciacallo su un alto piedistallo apparve nel tardo Antico Regno e divenne comune in seguito:

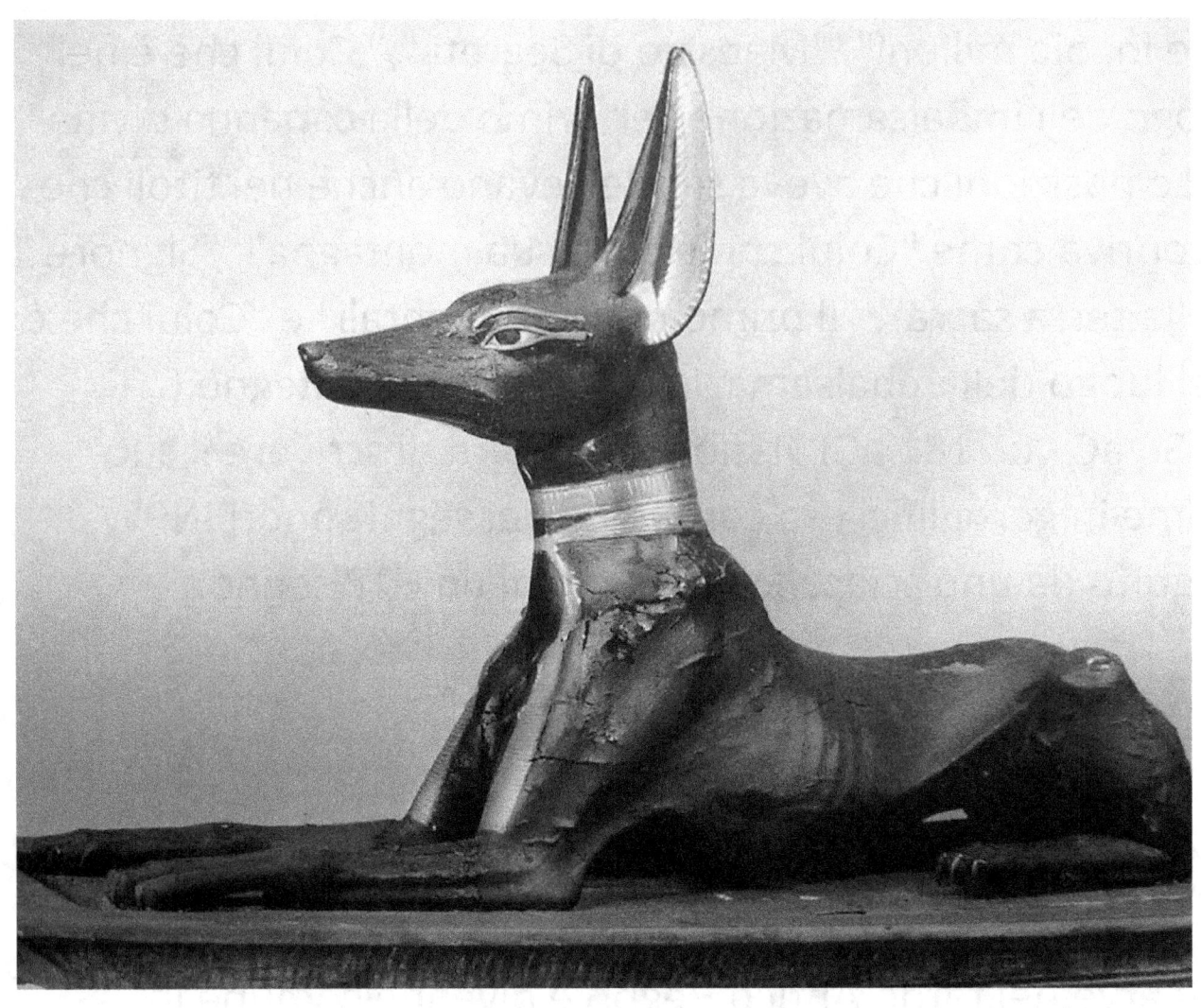

Il nome di Anubi jnpw era probabilmente pronunciato [a.ˈna.pʰa], sulla base del copto Anoup e della trascrizione accadica <a-na-pa> nel nome <ri-a-na-pa> " Reanapa " che appare nella lettera di Amarna EA 315. Tuttavia, questa trascrizione può anche essere interpretata come rˁ-nfr, un nome simile a quello del principe Ranefer della IV dinastia.

Storia

Nel primo periodo dinastico egiziano (3100 circa - 2686 aC circa), Anubi era raffigurato in piena forma animale, con testa e corpo di "sciacallo". Un dio sciacallo, probabilmente Anubi, è raffigurato in iscrizioni su pietra dei regni di Hor-Aha, Djer e altri faraoni della prima dinastia. Sin dall'Egitto predinastico, quando i morti venivano seppelliti in fosse poco profonde, gli sciacalli erano stati fortemente associati ai cimiteri perché erano spazzini che scoprivano corpi umani e mangiavano la loro carne. Nello spirito di "combattere come con simili", uno sciacallo è stato scelto per proteggere i morti, perché "un problema comune (e motivo di preoccupazione) deve essere stato lo scavo di corpi, subito dopo la sepoltura, da parte di sciacalli e altri cani selvatici che viveva ai margini della coltivazione ".

Nel Antico Regno, Anubi era il dio più importante dei morti. Fu sostituito in quel ruolo da Osiride durante il Medio Regno (2000-1700 aC). In epoca romana, iniziata nel 30 aC, le pitture tombali lo raffigurano mentre tiene la mano dei defunti per guidarli verso Osiride.

La parentela di Anubi variava tra miti, tempi e fonti. Nella prima mitologia, è stato ritratto come un figlio di Ra. Nei testi della bara, scritti nel Primo Periodo Intermedio (2181–2055 aC circa), Anubi è il figlio della dea vacca Hesat o della testa di gatto Bastet. Un'altra tradizione lo descriveva come il figlio di Ra e Nefti. Il greco Plutarco (c. 40–120 d.C.) affermò che Anubi era il figlio illegittimo di Nefti e Osirid, ma che fu adottato dalla moglie di Osiride, Iside:

Perché quando Iside scoprì che Osiride amava sua sorella e aveva rapporti con lei scambiandola per se stessa, e quando ne vide una prova sotto forma di una ghirlanda di trifoglio che aveva lasciato a Nefti, lei stava cercando un piccola, perché Nephthys l'ha abbandonata subito dopo che era nata per paura di Seth; e quando Iside trovò il bambino aiutato dai cani che con grandi difficoltà la condussero lì, lo allevò e lui divenne la sua guardia e alleata con il nome di Anubi.

George Hart vede questa storia come un "tentativo di incorporare la divinità indipendente Anubis nel pantheon osiriano ". Un papiro egizio del periodo romano (30–380 d.C.) chiamava semplicemente Anubi il "figlio di Iside ".

Nel periodo tolemaico (350-30 aC), quando l'Egitto divenne un regno ellenistico governato dai faraoni greci, Anubi fu fusa con il dio greco Hermes, diventando Hermanubis. I due dei erano considerati simili perché entrambi guidavano le anime nell'aldilà. Il centro di questo culto era in uten-ha / Sa-ka / Cynopolis , un luogo il cui nome greco significa "città dei cani". Nel libro XI de L'asino d'oro di Apuleio, ci sono prove che il culto di questo dio è stato continuato a Roma almeno per tutto il II secolo. In effetti, Hermanubis appare anche nella letteratura alchemica ed ermetica del Medioevo e del Rinascimento.

Sebbene i Greci ed i Romani disprezzassero tipicamente gli dei egizi con la testa di animali come bizzarri e primitivi (Anubi era chiamato beffardamente "Barker" dai Greci), Anubi era talvolta associato a Sirio nei cieli e Cerbero e Ade negli inferi. Nei suoi dialoghi, Platone spesso pronuncia i giuramenti di Socrate "del cane" (kai me ton kuna), "del cane d'Egitto" e "del cane, il dio degli egiziani", sia per enfasi che fare appello ad Anubi come arbitro della verità negli inferi.

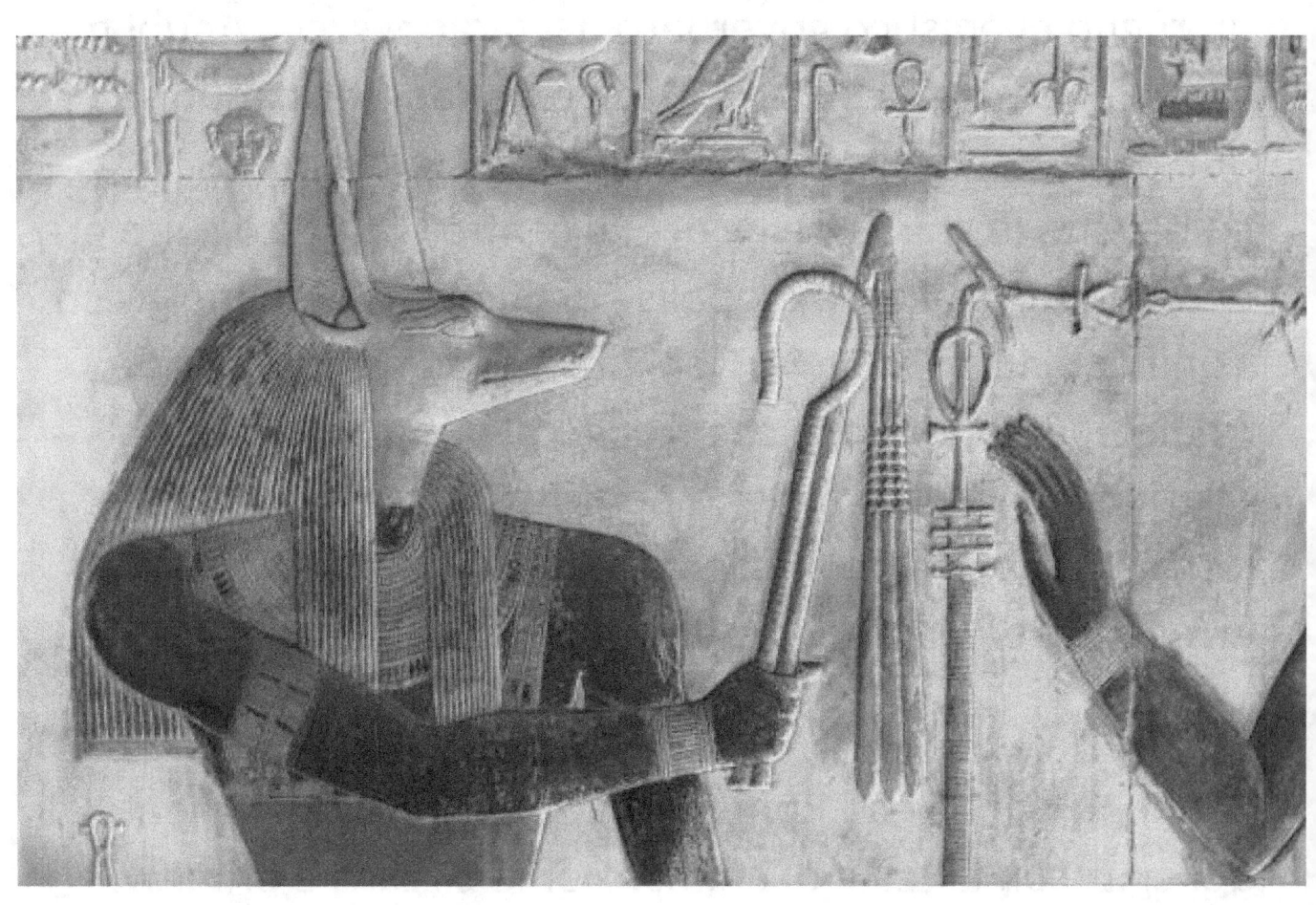

Scopo di Anubi

Anubi, come il dio della morte e dell'aldilà, era strettamente associato alla mummificazione e ai riti di sepoltura. Anche gli sciacalli egiziani avevano un'associazione con i morti. Sono stati spesso trovati a scavare corpi sepolti e mangiarli, il che potrebbe essere il motivo per cui Anubi era raffigurato come uno sciacallo parziale. I sacerdoti che mummificavano i re morti (chiamati faraoni) indossavano costumi per farli apparire come sciacalli.

Il popolo egiziano credeva che Anubi avesse contribuito a decidere il destino dei morti nell'aldilà. Il cuore del morto è stato pesato contro la piuma della verità (che rappresenta la dea Ma'at), per vedere se il defunto era degno di entrare nell'aldilà. Se la persona avesse vissuto una vita malvagia, il suo cuore sarebbe appesantito dal male, e sarebbe stato mangiato da Ammit (il Divoratore). Se una persona fosse gentile e buona, il cuore sarebbe leggero, lui o lei potrebbe proseguire nell'aldilà sano e salvo per incontrare Osiride.

In Grecia e Roma

In tempi successivi, durante il periodo tolemaico, poiché le loro funzioni erano simili, Anubi venne identificato come il dio greco Hermes, diventando Hermanubis. Il centro di questo culto era in uten-ha / Sa-ka / Cynopolis, un luogo il cui nome greco significa semplicemente "città dei cani". Nel libro XI de " L'asino d'oro " di Apuleio troviamo la prova che il culto di questo dio fu mantenuto a Roma almeno fino al II secolo. Infatti, è stato rivelato che Hermanubis è apparso anche nelletteratura alchemica ed ermetica del Medioevo e del Rinascimento.

Sebbene i Greci ei Romani in genere disprezzassero gli dei dalla testa di animale dell'Egitto come bizzarri e primitivi (chiamavano beffardamente Anubi il "Barker"), Anubi era talvolta associato a Sirio in cielo e Cerbero negli inferi.

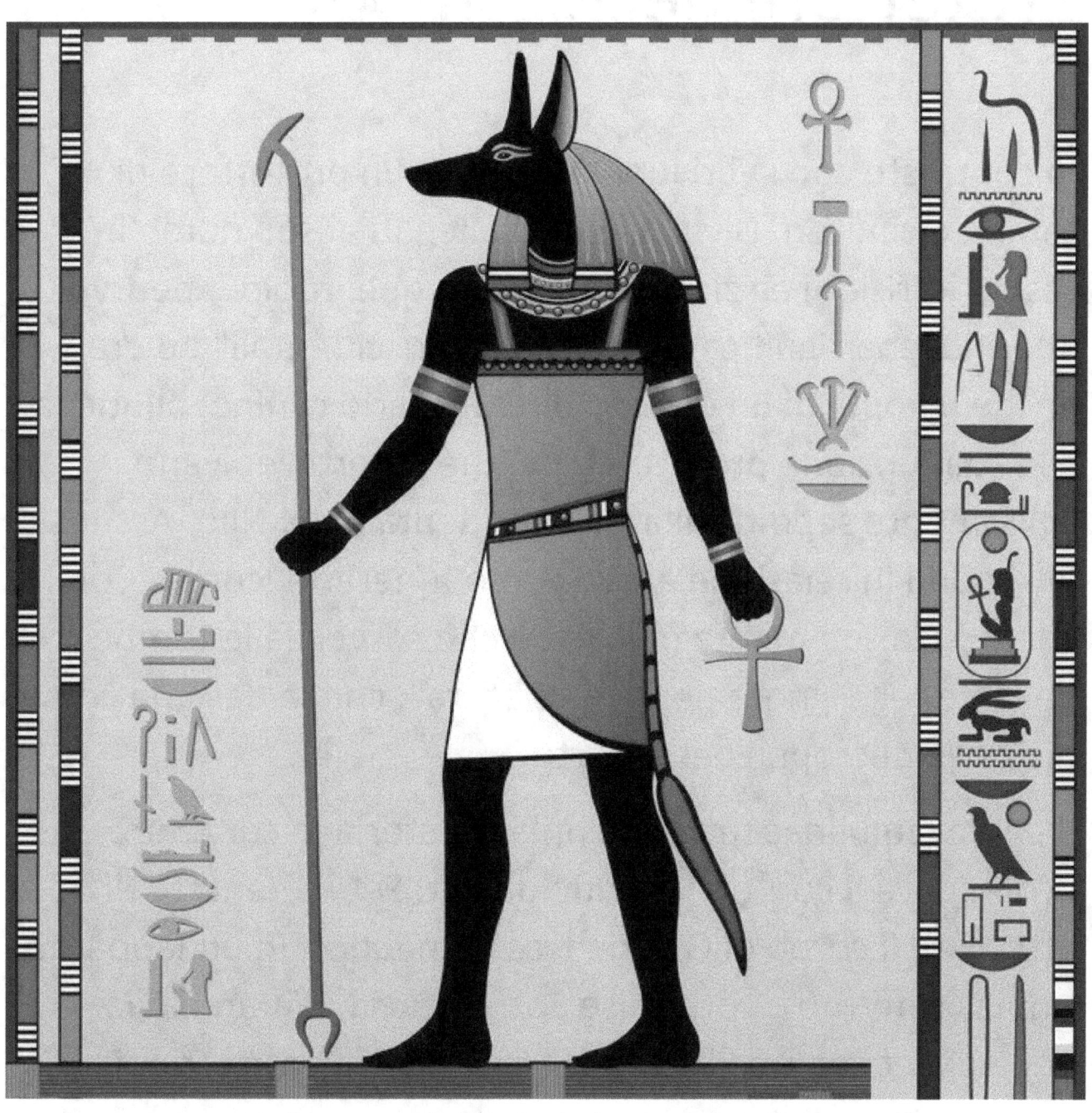

Protettore delle tombe

In contrasto con i veri lupi, Anubi era un protettore di tombe e cimiteri. Diversi epiteti allegati al suo nome in testi e iscrizioni egizie si riferivano a quel ruolo. Khenty-imentiu, che significa "il primo degli occidentali" ed era anche il nome di un diverso dio funerario canino, alludeva alla sua funzione protettrice perché i morti venivano solitamente sepolti sulla riva occidentale del Nilo. Assunse altri nomi in relazione al suo ruolo funerario, come "Colui che è sulla sua montagna" (cioè che sorveglia le tombe dall'alto) e "Signore della terra sacra", che lo designa come dio della necropoli del deserto.

Il papiro Jumilhac racconta un'altra storia in cui Anubi proteggeva il corpo di Osiride da Set. Set ha tentato di attaccare il corpo di Osiride trasformandosi in un leopardo. Anubis si fermò e sottomise Set, tuttavia, e marchiò la pelle di Set con una bacchetta di ferro rovente. Anubi ha poi scorticato Set e ha indossato la sua pelle come monito contro i malvagi che avrebbero dissacrato le tombe dei morti. I sacerdoti che si occupavano dei morti indossavano la pelle di leopardo per commemorare la vittoria di Anubi su Set. La leggenda di Anubi che marchiava la pelle di Set in forma di leopardo è stata usata per spiegare come il leopardo ha ottenuto le sue macchie.

La maggior parte delle tombe antiche avevano delle preghiere ad Anubi scolpite.

Come "Colui che è nel luogo dell'imbalsamazione ", Anubis era associato alla mummificazione. Era anche chiamato "Colui che presiede alla cabina del dio", in cui "cabina" poteva riferirsi al luogo in cui veniva effettuata l'imbalsamazione o alla camera funeraria del faraone.

Nel mito di Osiride, Anubi aiutò Iside a imbalsamare Osiride. In effetti, quando emerse il mito di Osiride, si disse che dopo che Osiride era stato ucciso da Set, gli organi di Osiride furono dati ad Anubi in dono. Con questo collegamento, Anubi divenne il dio protettore degli imbalsamatori; durante i riti di mummificazione, le illustrazioni del Libro dei Morti mostrano spesso un sacerdote con la maschera di lupo che sostiene la mummia eretta.

Guida delle anime

Entro la tarda era faraonica (664-332 aC), Anubi era spesso raffigurato come guida di individui attraverso la soglia dal mondo dei vivi all'aldilà. Sebbene un ruolo simile fosse talvolta svolto dall'Hathor dalla testa di vacca, Anubi era più comunemente scelto per svolgere quella funzione. Gli scrittori greci del periodo romano della storia egiziana hanno designato quel ruolo come quello di " psicopompo ", un termine greco che significa "guida delle anime" che usavano per riferirsi al loro dio Hermes, che ha anche svolto quel ruolo nella religione greca. Arte funerariadi quel periodo rappresenta Anubi che guida uomini o donne vestiti in abiti greci alla presenza di Osiride, che da allora aveva a lungo sostituito Anubi come sovrano degli inferi.

Pesatura del cuore

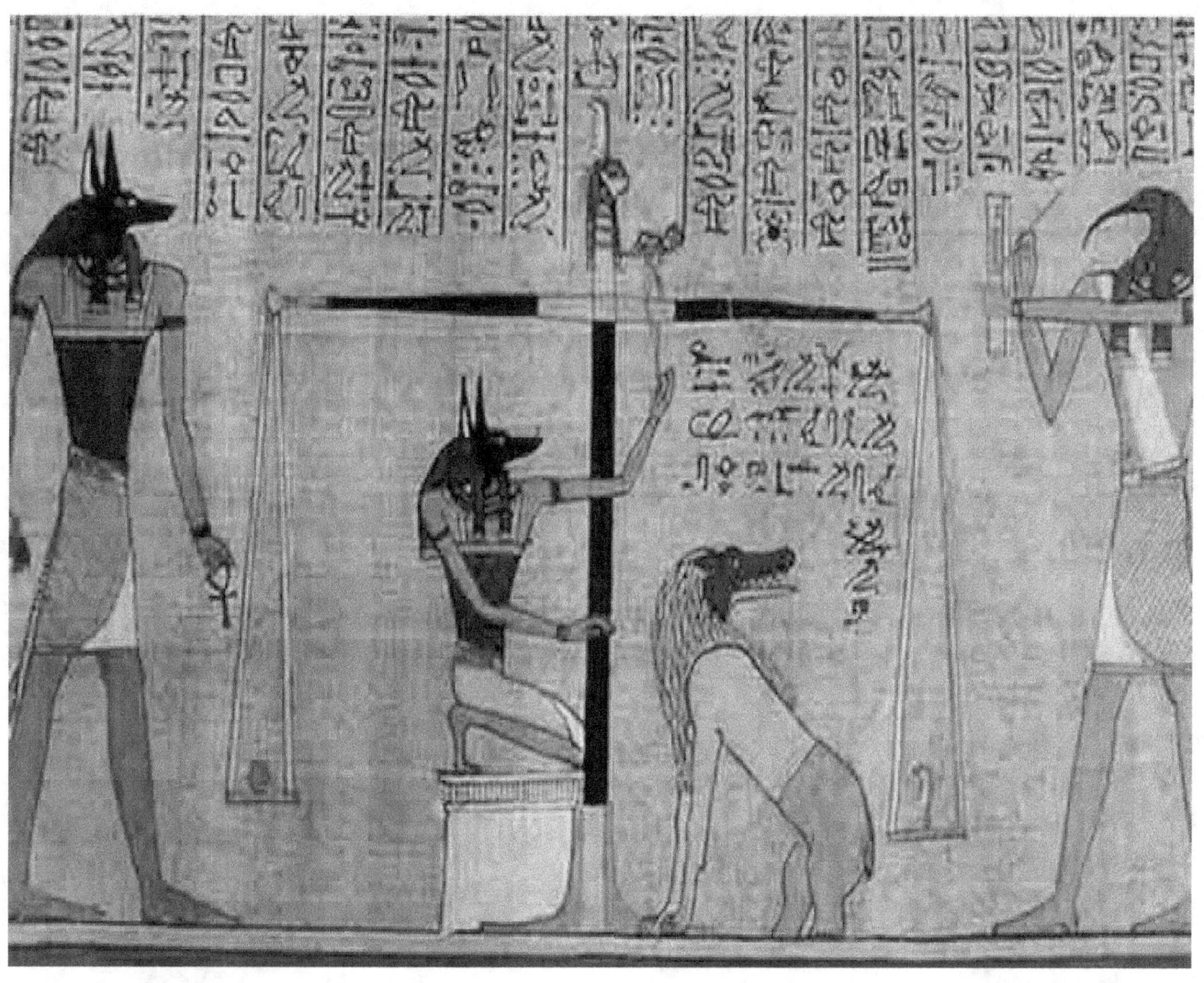

La "pesatura del cuore", dal libro dei morti di Hunefer. Anubi è ritratto mentre guida il defunto in avanti e manipola le squame, sotto lo sguardo attento del Thoth dalla testa di ibis.

Uno dei ruoli di Anubis era quello di "Guardian of the Scales". La scena critica raffigurante la pesatura del cuore, nel Libro dei Morti, mostra Anubi che esegue una misurazione che ha determinato se la persona era degna di entrare nel regno dei morti (il mondo sotterraneo, noto come Duat). Pesando il cuore di una persona deceduta contro Ma'at (o "verità"), spesso rappresentata come una piuma di struzzo, Anubi dettava il destino delle anime. Le anime più pesanti di una piuma sarebbero state divorate da Ammit, e le anime più leggere di una piuma sarebbero ascese a un'esistenza celeste.

Rappresentazione nell'arte

Anubi era una delle divinità più rappresentate nell'antica arte egizia. È raffigurato su tombe reali della prima dinastia; tuttavia, aveva un culto già sviluppato prima del suo poiché si ritiene che sia stato aggiunto alle mura per la protezione dei morti. Il dio sta tipicamente curando il cadavere di un re, fornendo sovrano ai rituali di mummificazione e ai funerali, o in piedi con altri dei alla Pesatura del Cuore dell'Anima nella Sala delle Due Verità. Una delle sue rappresentazioni più popolari è di lui, con il corpo di un uomo e la testa di uno sciacallo con le orecchie a punta, in piedi o in ginocchio, che tiene una bilancia d'oro mentre un cuore dell'anima viene pesato contro il bianco di Ma'at . piuma della verità.

Nel primo periodo dinastico, era raffigurato in forma animale, come un canino nero. Il caratteristico colore nero di Anubis non rappresentava l'animale, piuttosto aveva diversi significati simbolici. Rappresentava "lo scolorimento del cadavere dopo il trattamento con natron e l'imbrattamento degli involucri con una sostanza resinosa durante la mummificazione". Essendo il colore del limo fertile del fiume Nilo, per gli egiziani, il nero simboleggiava anche la fertilità e la possibilità di rinascita nell'aldilà. Nel Medio Regno, Anubi era spesso raffigurato come un uomo con la testa di uno sciacallo. Una rappresentazione estremamente rara di lui in forma completamente umana fu trovata nella tomba di Ramesse II ad Abydos.

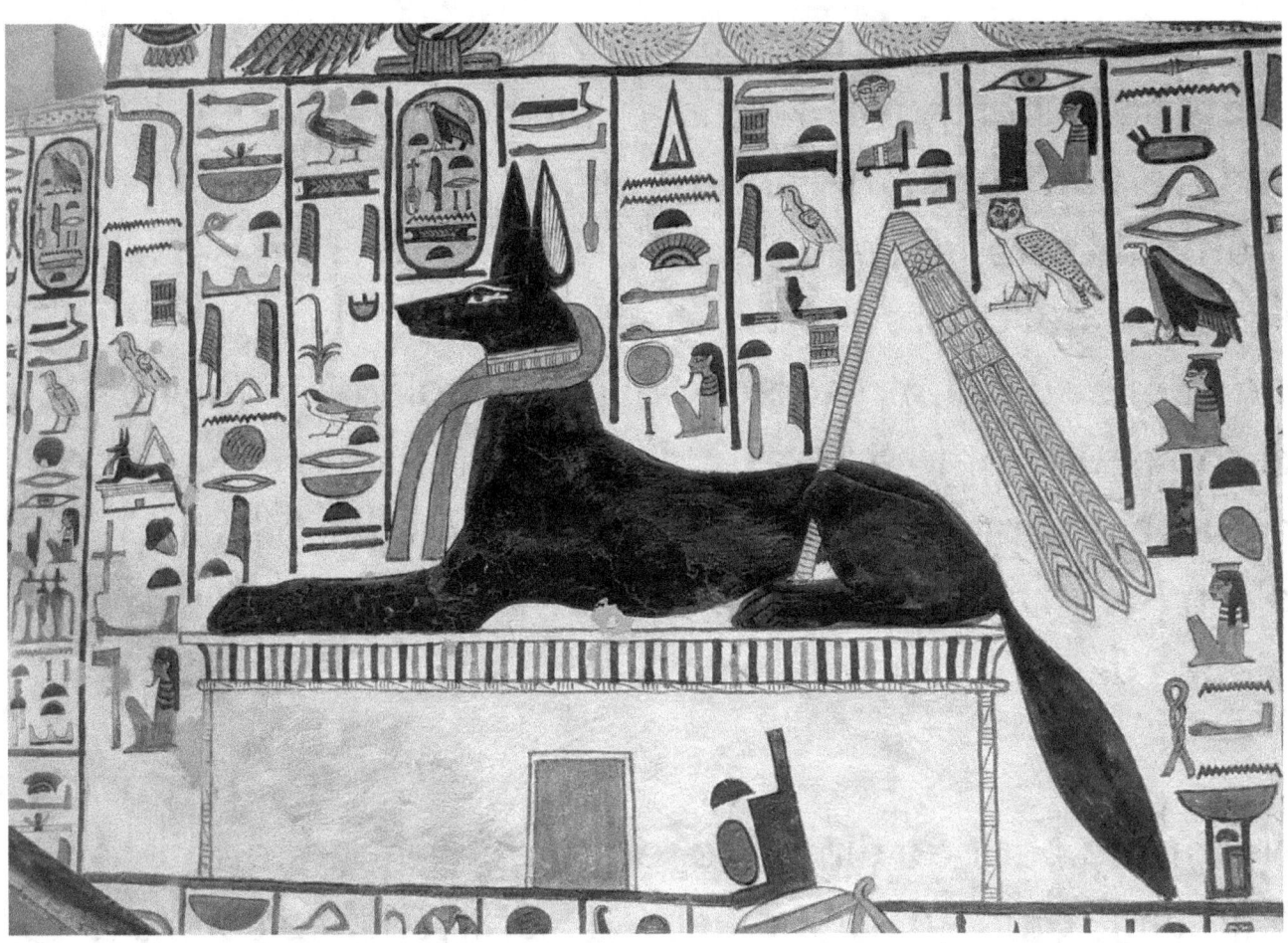

Anubis è spesso raffigurato con indosso un nastro e con un " flagello " nḫ3ḫ3 nell'incavo del braccio. Un altro degli attributi di Anubis era il feticcio jmy-wt o imiut, chiamato per il suo ruolo nell'imbalsamazione.

In contesti funerari, Anubi viene mostrato mentre si prende cura della mummia di una persona deceduta o seduto su una tomba che la protegge. I sigilli delle tombe del Nuovo Regno raffigurano anche Anubi seduto in cima ai nove archi che simboleggiano il suo dominio sui nemici dell'Egitto

Culto

Sebbene non compaia in molti miti, era estremamente popolare tra gli egiziani e quelli di altre culture. I greci lo collegarono al loro dio Hermes, il dio che guidò i morti nell'aldilà. L'accoppiamento fu in seguito noto come Hermanubis. Anubi era molto adorato perché, nonostante le credenze moderne, dava speranza alla gente. Le persone si meravigliavano della garanzia che il loro corpo sarebbe stato rispettato alla morte, la loro anima sarebbe stata protetta e giustamente giudicata.

Anubi aveva sacerdoti maschi che sfoggiavano maschere di legno con la somiglianza del dio durante l'esecuzione dei rituali. Il suo centro di culto era a Cynopolis in Egitto, ma memoriali sono stati costruiti in tutto il mondo e fu universalmente venerato in ogni parte della terra.

Nella cultura popolare

Nella cultura popolare e mediatica, Anubi è spesso falsamente raffigurato come il sinistro dio dei morti. Ha guadagnato popolarità durante il 20 ° e il 21 ° secolo attraverso libri, videogiochi e film in cui gli artisti gli davano poteri malvagi e un esercito pericoloso. Nonostante la sua nefasta reputazione, la sua immagine è ancora la più riconoscibile tra le divinità egizie e le repliche delle sue statue e dipinti rimangono popolari.

Ritualità

In onore di Anubi, il dio egizio associato alla mummificazione e alla vita dopo la morte, erano praticate diverse ritualità che riflettevano la sua importanza nel ciclo funerario e nella protezione dei defunti. Tra le principali ritualità si possono ricordare:

1. **Cerimonie di mummificazione:** Anubi era strettamente collegato alla pratica della mummificazione. Durante queste cerimonie, spesso si invocava Anubi affinché proteggesse il defunto e assicurasse il successo del processo di conservazione del corpo.

2. **Offerte e preghiere:** Viene documentato che venivano offerte pane, birra, vino, incensi e altri beni rituali nel contesto di rituali dedicati ad Anubi, per ottenere la sua protezione e benevolenza.

3. **Processioni funerarie:** Durante le processioni funebri, statue di Anubi venivano portate come parte delle cerimonie, e venivano eseguiti rituali di purificazione e protezione.

4. **Giudizio di Osiride e Anubi:** In particolare, Anubi svolgeva un ruolo centrale nel rituale di giudizio dopo la morte, dove il cuore del defunto veniva pesato da Osiride e Anubi, che fungevano da giudici e guardiani del peso della coscienza del defunto.

5. **Simbolismi e amuleti:** Amuleti raffiguranti Anubi venivano indossati o posti nelle sepolture per proteggere i defunti e accompagnarli nel viaggio nell'aldilà.

Queste ritualità evidenziano l'importanza di Anubi nel garantire la protezione, la giustizia e la continuità della vita oltre la morte secondo la religione egizia.

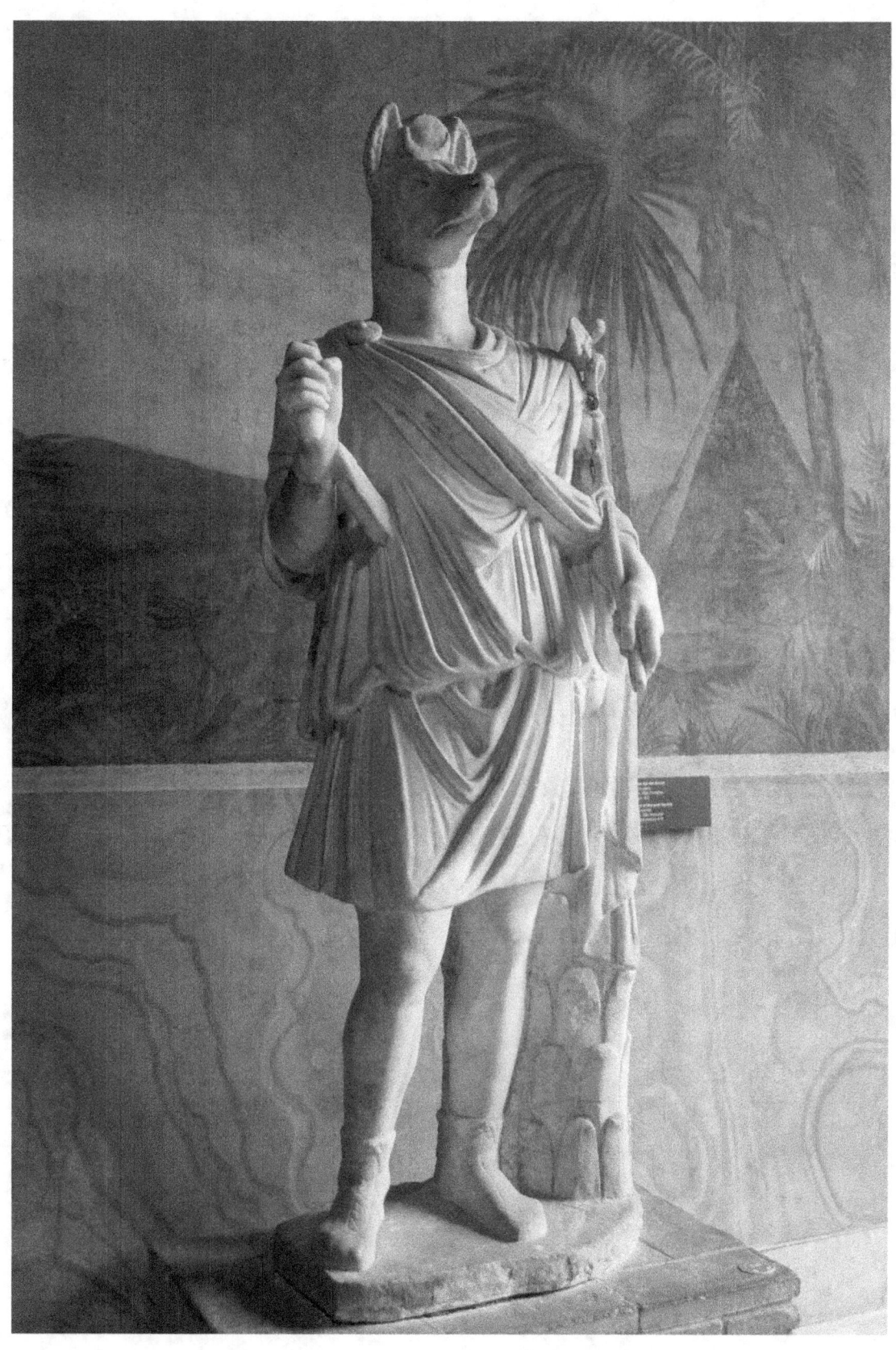

Anubi a Roma

Gli antichi Romani conoscevano e ammiravano la civiltà egizia, avevano una certa familiarità con Anubi.

Gli antichi Romani, che entravano in contatto con l'Egitto soprattutto dopo la conquista di Marco Aurelio e nelle epoche successive, conoscevano e rispettavano molte divinità egizie, tra cui Anubi. Tuttavia, nella loro religione, non integravano direttamente Anubi nel loro pantheon; piuttosto, avevano una certa conoscenza e rispetto per questa divinità attraverso scambi culturali, studi e testimonianze archeologiche.

In sintesi, gli antichi Romani avevano una certa consapevolezza di Anubi grazie ai contatti con la cultura egizia, anche se non lo veneravano come una divinità propria del loro pantheon.

Signore della sacra terra

L'aspetto di Anubi come divinità della morte si riflette principalmente sugli epiteti Nebtadjeser e Khentadjeser, entrambi dal significato di "Signore della sacra terra". La seconda versione è sicuramente la più antica, mentre la prima fece la sua comparsa solamente sotto la IV dinastia (ca. 2500 a.C.). La sacra terra è la necropoli e, per estensione, l'aldilà. Su una stele del Nuovo Regno, conservata al Rijksmuseum van Oudheden di Leida, -tadjeser compare come toponimo per designare la necropoli del nòmo tinita. La versione Nebtadjeser, benché molto comune in riferimento a Osiride (soprattutto nel Medio Regno e nella zona di Abido), era riferito soprattutto ad Anubi.

Colui che è sulla sua montagna

L'epiteto Tepydjuef, "Colui che è sulla sua montagna", rimase uno dei più utilizzati per tutto il corso della storia egizia, compresa la dominazione romana: era molto comune sulle pareti delle mastabe dell'Antico Regno e sulle stele erette ad Abido nel Medio Regno. Tale espressione fornisce una precisazione geografica relativamente ai luoghi scelti dagli egizi per l'installazione dei cimiteri, inoltre dimostra che il potere del dio-sciacallo si estendeva specialmente, secondo gli egizi, sulle colline rocciose (jebel, in arabo) che si estendevano tra i limiti delle terre coltivate lungo il Nilo e le estensioni del deserto libico e orientale. Queste zone montagnose erano costituite da un terreno fortemente accidentato ma ricco di pietre, minerali e metalli preziosi. Si trattava, inoltre, di zone molto frequentate da sciacalli e altri canidi in cerca di cibo e carogne.

Colui che presiede al padiglione divino

L'epiteto Khentysehnetjer, "Colui che presiede al padiglione divino", appare regolarmente nelle formule d'offerta incise, durante l'Antico Regno, sui muri delle mastabe dei privati così come nei testi delle piramidi dei sovrani della VI dinastia. Il seh-natjer era una struttura temporanea, sostanzialmente una tenda, oppure una struttura in pianta stabile - ritenuta al confine tra il mondo dei vivi e il mondo dei morti. Si credeva che la protezione di Anubi si esercitasse specialmente sui morti durante il processo di mummificazione che si svolgeva in tale ambiente.

Tempi Moderni

Nei tempi moderni, Anubi continua a essere un'icona culturale e simbolo di mistero. È frequentemente presente in:

1. **Arte e letteratura**: Anubi compare in romanzi, fumetti, giochi e film che esplorano temi di mitologia, mistero e occulto. È spesso rappresentato come un guardiano o un'entità che guida le anime nell'aldilà.

2. **Cinema e TV**: La figura di Anubi appare in produzioni cinematografiche e serie TV che trattano di antiche civiltà, magia o storie di avventura. Ad esempio, nelle serie come "Stargate SG-1" e in film che si ispirano all'iconografia egizia.

3. **Giochi e videogiochi**: Anubi è presente come personaggio o simbolo in numerosi videogiochi di avventura, horror e puzzle, come "Assassin's Creed Origins" o giochi di ruolo ispirati all'antico Egitto.

4. **Moda e design**: L'immagine di Anubi viene spesso utilizzata in accessori, tatuaggi e decorazioni, simbolizzando mistero, protezione o potere occulto.

5. **Studio e interesse accademico**: La figura di Anubi resta oggetto di studio nelle discipline di egittologia, archeologia e studi culturali, contribuendo alla comprensione delle credenze funerarie e religiose dell'antico Egitto.

Anubi nei tempi moderni rappresenta un ponte tra il passato mitologico e le interpretazioni contemporanee di mistero, protezione e spiritualità, mantenendo vivo il suo ruolo simbolico e culturale.

Nei Film

Ecco alcuni film noti che includono riferimenti ad Anubi o all'antico Egitto:

- **"The Mummy" (1999)** e i suoi sequel, dove appaiono divinità e simboli dell'Egitto antico.
-
-
- **"The Pyramid" (2014)**, un film horror ambientato in una piramide egizia.

- **"Gods of Egypt" (2016)**, che include divinità egizie, anche se Anubi non è uno dei protagonisti principali.

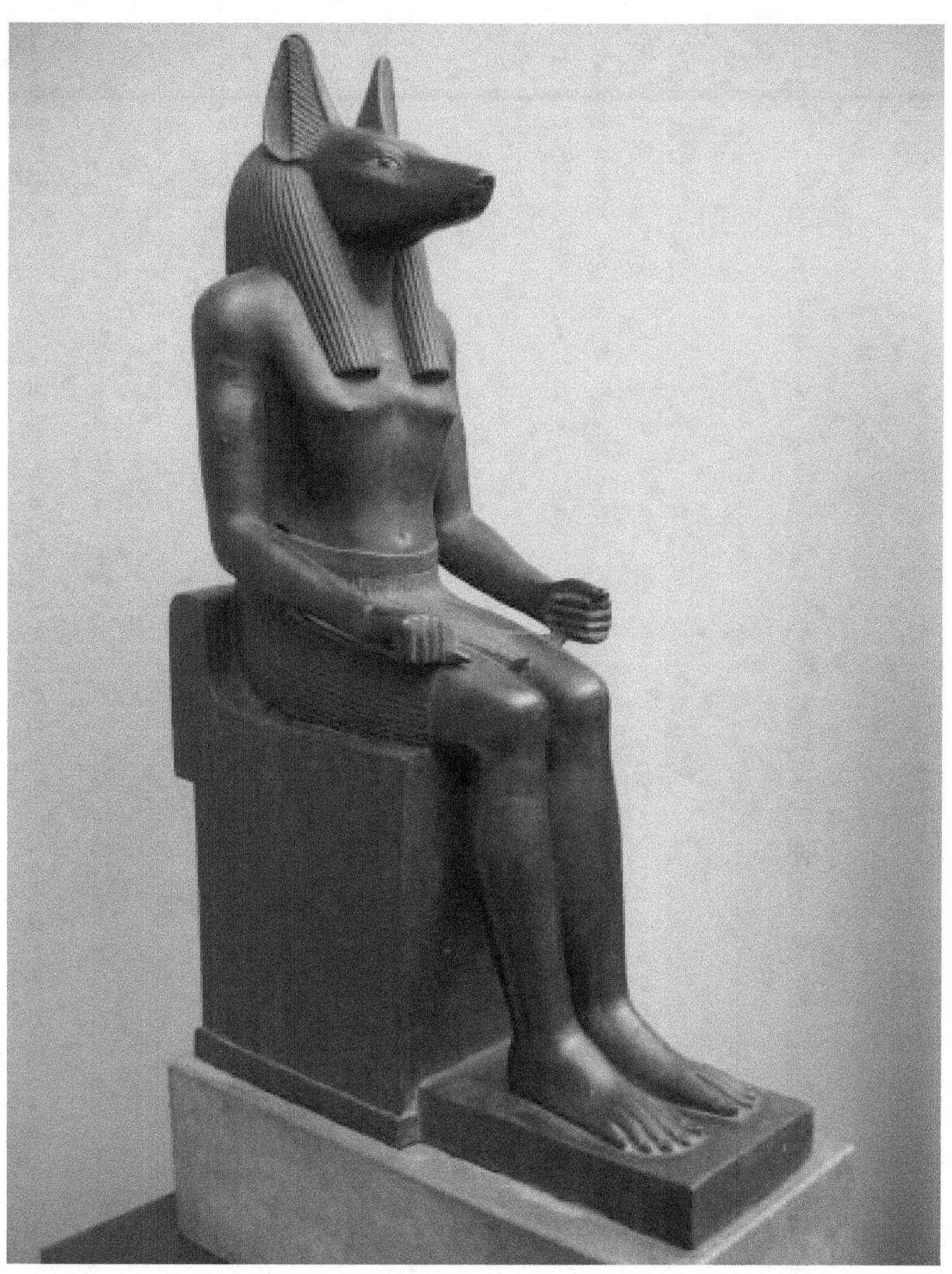

www.ingramcontent.com/pod-product-compliance
Lightning Source LLC
Chambersburg PA
CBHW081810220526
45466CB00006B/2245